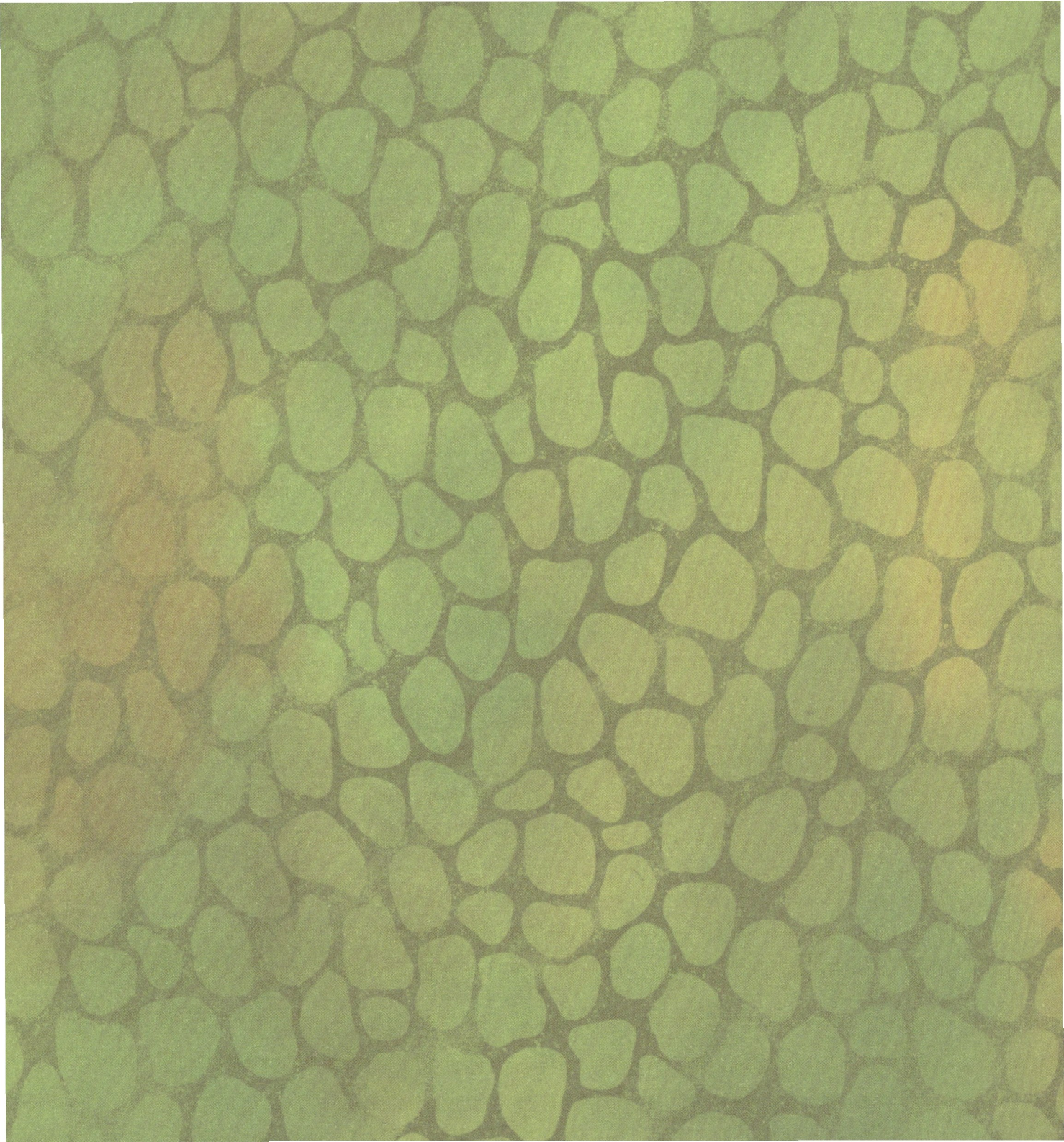

## NERDY BABYS
# DINOSAURIER

EMMY KASTNER

Windy VERLAG

Hallo, Nerdy Babys!
Macht ihr euch manchmal Gedanken über

# DINOSAURIER?

Wahrscheinlich schon.
Ihr seid ja neugierig.

Gehen wir zuerst mal weit in der Zeit zurück.

Vor Abermillionen von Jahren,
lange bevor Menschen auf der Erde lebten …

... da herrschten auf diesem Planeten Dinosaurier.

SPINOSAURUS

PARASAUROLOPHUS

MUTTABURRASAURUS

GIRAFFATITAN

Dinosaurier waren Reptilien, die gehen konnten.

ANKYLOSAURUS

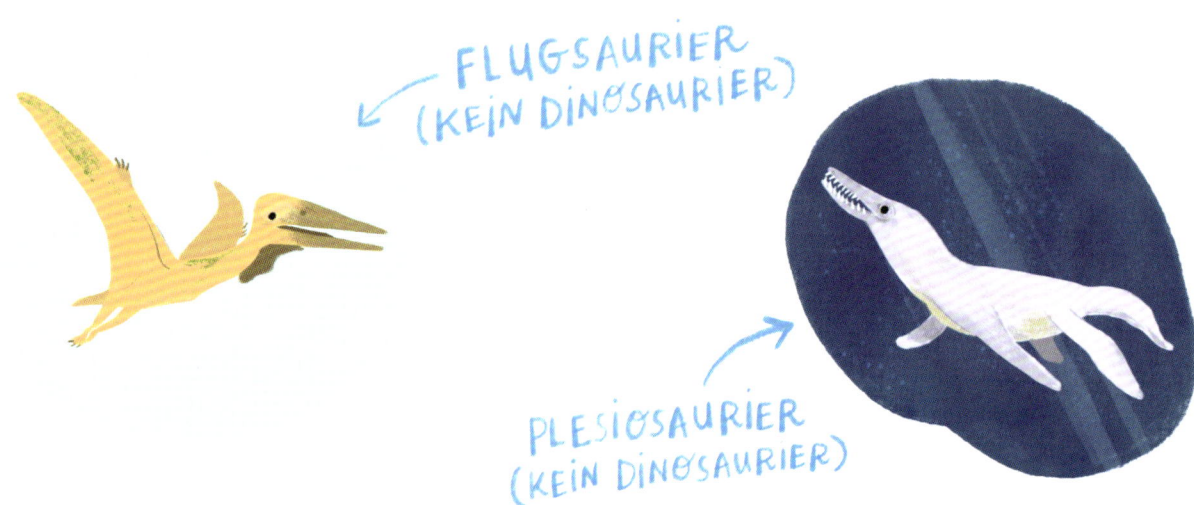

FLUGSAURIER (KEIN DINOSAURIER)

PLESIOSAURIER (KEIN DINOSAURIER)

Wie die Reptilien heute, brüteten Dinosaurier Eier aus.

Die Eier hatten alle möglichen Größen und Formen, manche waren sogar gesprenkelt.

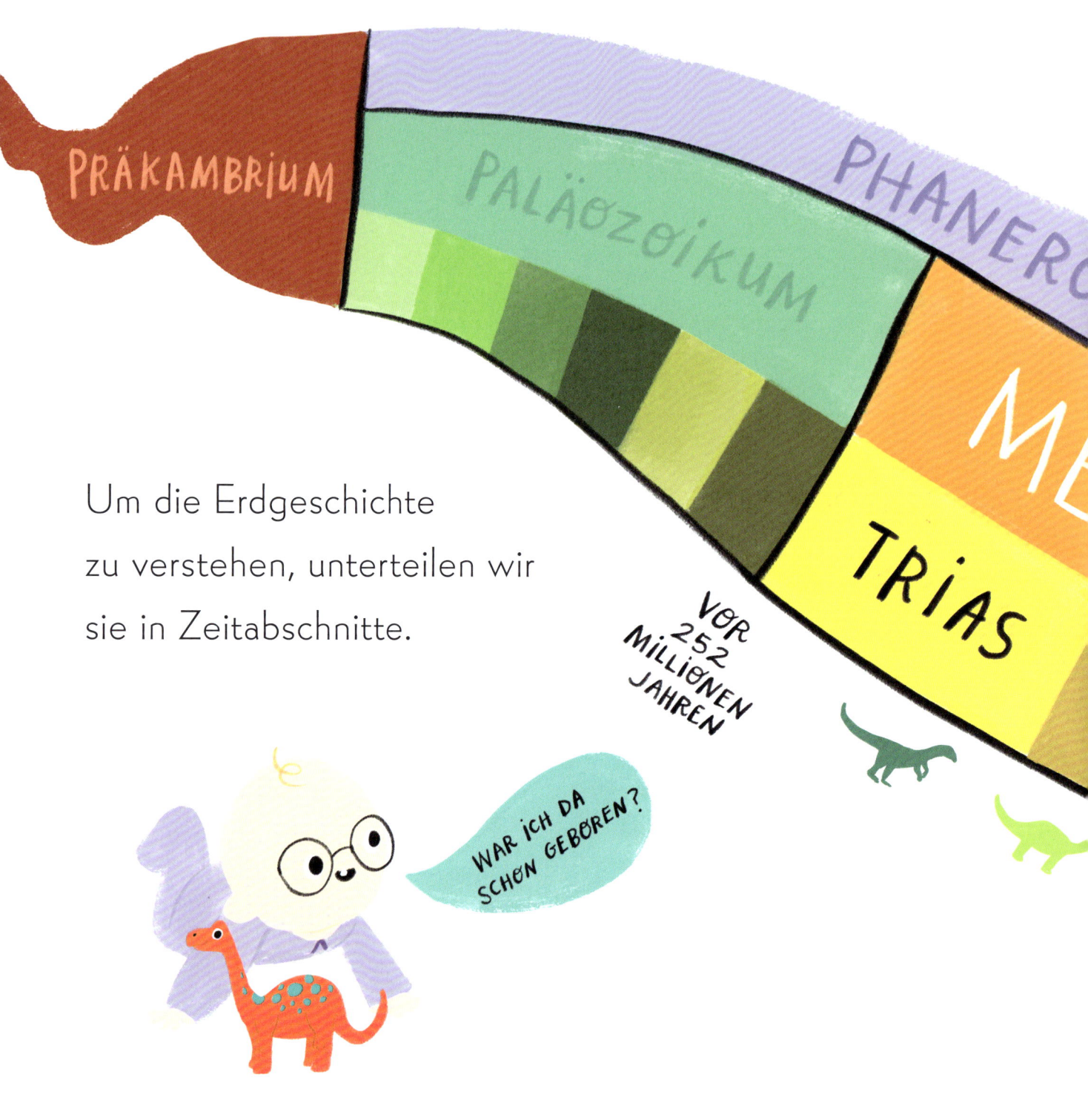

Dinosaurier lebten im Mesozoikum, das man in drei Zeiten unterteilt: Trias, Jura und Kreide.

Zum ersten Mal betraten Dinosaurier die Erde in der Trias vor 245 Millionen Jahren!

Da gab es schon Lebewesen wie Grashüpfer und Schildkröten.

Wow!

In der Kreidezeit erblühte das Leben – es entstanden Säugetiere, Vögel, Insekten und die ersten Blumen!

Es gab mehr Dinosaurier als je zuvor.

AMPELOSAURUS

Manche Dinosaurier trugen zum Schutz vor Raubtieren einen Panzer oder Stacheln auf dem Rücken. Andere hatten scharfe Klauen und lange Beine, um anzugreifen und schnell zu laufen.

Dann schlug ein Asteroid in die Erde ein,
und vieles veränderte sich.

Dinosaurier und die *meisten* anderen Lebewesen wurden ausgelöscht. Vorbei. Ausgestorben. Aber die Vögel überlebten.

Wusstest du, dass Vögel eigentlich Flugdinosaurier sind und dieselben Vorfahren haben wie der T. Rex?

ICH DARF KEINE STEINE ESSEN.

STEINE IM VOGELMAGEN HELFEN BEIM VERDAUEN

KÖRPER-FORM

EIER

Die Vögel heute haben mit ihren großen Dinosaurier-verwandten noch viel gemeinsam.

FEDERN

DREI ZEHEN

← PINSEL

LINEAL ↓

WAS IST DAS?

Fang an zu graben!

Alles, was wir über das Mesozoikum wissen, haben wir durch Fossilien erfahren.

Fossilien sind erhaltene Knochen, Federn, Eier, Fußabdrücke (und sogar Kot!), die uns die Geschichte der Dinosaurier erzählen.

STEIN-HAMMER

Paläontologen graben gerne herum, machen Entdeckungen und lösen Rätsel – **genau wie ihr!**

Für Violet, Zinnia und Dax, die immer neugierig sind.

Die Originalausgabe erschien unter dem Titel „Nerdy Babies: Dinosaurs".
© 2021 by Emmy Kastner
Erschienen durch eine Vereinbarung mit Roaring Brook Press,
ein Unternehmen der Holtzbrinck Publishing Holdings Limited Partnership.
Alle Rechte vorbehalten.

Deutsch von Andrea Fischer

© 2022: alle Rechte für die deutsche Ausgabe vorbehalten
Windy Verlag GmbH, Düsseldorf
www.windy-verlag.com

Druck: optimal media GmbH, Röbel
Printed in Germany

ISBN: 978-3-948417-24-6
1. Auflage 2022